AF357784

Vente du Vendredi 13 Mars 1874

HOTEL DROUOT, SALLE N° 6

TABLEAUX

ANCIENS

Des Écoles Flamande, Hollandaise, Allemande
et Italienne

CADRES DORÉS

EXPOSITION PUBLIQUE

Le Jeudi 12 Mars 1874, de une heure à cinq heures.

Mᵉ ESCRIBE	MM. DHIOS ET GEORGE
COMMISᵣᵉ-PRISEUR	EXPERTS
Rue de Hanovre, 6	Rue Le Peletier, 33

PARIS — 1874

V<e> RENOU, MAULDE et COCK

IMPRIMEURS DE LA COMPAGNIE DES COMMISSAIRES-PRISEURS

Rue de Rivoli, 144

912 — N° 1 — Dessin
2 — moderne

280 — Bellangé — groupand —
350
90 — Richter — nouvelles d'Italie —
70 — Gabel — vièleuse
85 — Colin — 2 pendants
35 — Colin — [illegible]
100 — Gilbert — Salvator [illegible]

CATALOGUE

DE

TABLEAUX

ANCIENS

Des Écoles Flamande, Hollandaise, Allemande
et Italienne

CADRES DORÉS

DONT LA VENTE AURA LIEU

HOTEL DROUOT

SALLE N° 6

Le Vendredi 13 Mars 1874

A DEUX HEURES

Par le ministère de Mᵉ **ESCRIBE**, Commissaire-Priseur,
rue de Hanovre, 6,

Assisté de **MM. DHIOS** et **GEORGE**, Experts, rue Le Peletier, 33.

EXPOSITION PUBLIQUE

Le Jeudi 12 Mars 1874, de une heure à cinq heures.

PARIS — 1874

DÉSIGNATION

DES

TABLEAUX

ANGISCIUOLA

21 — Portrait d'enfant. ——————

ANTOLINEZ DE SARABIA

180 — Le bon Pasteur. ——————

Provenant de la vente Oudry.

BEGYN (A.)

52 — Bestiaux au bord d'un fleuve. ——————

BERGHEM (École de)

162 — Le Rossignol. ——————

BLANKHOFF (JAN)

5 — Mer houleuse.

Figures sur une digue au pied de laquelle échoue une chaloupe.

BOURGUIGNON (J.-C.)

6 — Bataille.

BRAMER (LÉONARD)

7 — Armes et Objets divers dans une caverne.

BREUGHEL

8 — Paysage et Figures.

BRUN

9 — La Nymphe Io.

CARRACHE (ANNIBAL)

10 — Le Couronnement d'épines.

Collection du comte Kafasckoff.

CARRÉ (MICHEL)

11 — Pâturage.

CRANACH (Lucas)

12 — Jésus au mont des Oliviers.

Collection Merlo de Cologne.

CRESPI (Maria)

13 — Scène familière. Deux pendants.

CUYP (Le vieux)

14 — L'Annonciation aux bergers.

DOMINIQUIN

15 — La Madeleine en extase.

Une Gloire d'anges apparaît dans le ciel. Fond de paysage.
Beau tableau, facture large, coloris vigoureux.

FLINCK (Govaert)

16 — Jeune Fille tenant une lettre.

Très-belle étude.

FRANCK (F.)

17 — Esther et Assuérus.

Importante composition.

18 — Vénus et Pluton.

GARNIER

19 — Scène familière.

GELDER (Arnold de)

— 20 — Un Homme présente des bijoux et des pièces d'orfévrerie à une femme âgée, assise, et tenant un pavot.

Beau spécimen de l'artiste, signé en haut, à gauche.

GOYEN (Jan van)

— 21 — Marine : Ciel d'orage. Effet très-vigoureux.

GRYEF (Anton)

— 22 — Trophées de gibier. Deux pendants.

GUASPRE-POUSSIN

— 23 — Paysage avec temple en ruines.

HALS (Dirk)

— 24 — Intérieur hollandais : le Repas.

Composition de sept personnages ; coloris très-brillant.
Provenant de la vente Merlo de Cologne.

HEEMSKERK (M. Van Veen, dit)

— 25 — Saint Jérôme.

Vente Oudry.

HONDT (L. de)

41 — 26 — Combat naval.

HONTHORST

18 — 27 — Saint Pierre en prière.

HOOGH (P. de)

305 — 28 — Portrait d'un géographe.

En costume d'intérieur, robe de chambre et bonnet. Il est représenté en pied dans un cabinet de travail.
Tableau de la première manière du maitre.

HOREMANS

60 — 29 — Le Chirurgien de village.

INCONNU

7 — 30 — Sujet mythologique.

KAUFFMAN (A.)

14 — 31 — Nymphe au bain.

LAANEN (Van der)

41 — 32 — Réunion galante.

LAIRESSE (Gérard de)

33 — Ulysse découvrant Achille à la cour de Nicomède.

LÉPICIÉ

34 — La Leçon de lecture.

LEYDE (Attribué à Lucas de)

35 — Repos de la sainte Famille.

MARIESCHI

36 — Le grand Canal à Venise.

MENGS (Raphael)

37 — Son Portrait

A mi-corps, vêtu d'un habit bleu bordé de fourrures.

MICHEL

38 — Collines sablonneuses avec pâtres et bestiaux : ciel gris.

MIEREVELT

39 — Portrait d'homme.

40 — Portrait de femme.

MOOR (Carl de)

— 41 — Portrait d'homme.

MORONE

— 42 — Portrait d'une dame de distinction ayant près d'elle un jeune enfant.

Élégants costumes du xvie siècle.

PALAMÉDES (Stevens), des Batailles

— 43 — Combat de cavalerie.

PORBUS (Le vieux)

— 44 — Portrait d'homme à mi-corps.

Costume du xvie siècle en soie noire.

PRIMATICE

— 45 — Vénus et l'Amour entourés de Nymphes et de Satyres.

RECCO (le Napolitain)

— 46 — Fruits.

RUYSDAEL (Salomon)

— 47 — Canal de Hollande, avec bestiaux au premier plan.

— 48 — Chariot traversant un pont.

SALVIATI (F.)

41 — Bataille.

SCHIAVONE (ANDREA)

27 — L'Incrédulité de saint Thomas.

SCHUTZ (de Francfort)

6 — Canal de Hollande.

SENAVE

31 — Les Forgerons.

SESTO (CESARE da)

53 — Sainte Catherine.

SNAYERS (PIERRE)

54 — Choc de cavalerie.

SNYERS (PIERRE)

55 — La Marchande de légumes.
Trois personnages dans un parc.

STEEN (JAN)

56 — L'Empirique.

TÉNIERS (David)

57 — Villageois sur une route.

THULDEN (Th. Van)

58 — Le Sauveur du monde.

TIEPOLO (J.-B.)

59 — Le Sacrifice d'Iphigénie.

TIEPOLO (Domenico)

60 — Le Baptême de saint Jean.

61 — Martyre d'un saint.

VELASQUEZ

62 — Portrait d'homme.

En buste, tête nue, moustache et barbiche; col plat rabattu sur un pourpoint noir.

Vente Oudry.

VELDE (Isaïe Van den)

63 — Attaque d'un convoi.

VERONÉSE (Carlo)

64 — Portrait de Francesco Susani Vanni.

WOHLGEMUTH

65 — La Fuite en Égypte.

WOUWERMAN (Pierre)

66 — Le Marché aux chevaux.

ECOLE ESPAGNOLE

67 — Portrait d'homme, avec manteau rouge.

ÉCOLE ALLEMANDE (xvie siècle)

68 — Portrait d'un étudiant en médecine.

ÉCOLE ITALIENNE

69 — Vases de fleurs. Deux pendants.

70 — La sainte Famille.

———

71 — Lamy. Portrait de l'artiste.

Grande miniature.

72 — Cadres dorés, sous ce numéro.

V^{es} Renou, Maulde et Cock, imp^{rs} de la Compagnie des Commissaires-Priseurs, rue de Rivoli, 144.   41372